Note de M.r Hécart secrétaire
de la Mairie de Valenciennes

Faible production d'un Vieillard dans laquelle
plusieurs faits sont tronqués, des dates altérées,
des noms défigurés; il aurait mieux valu qu'il
s'écrivit plutôt, ou du moins qu'il la communicât
avant de la livrer à l'impression, à des personnes
qui auraient pu rectifier ses erreurs, en lui
rappellant des souvenirs qui pouvaient ne pas
s'être entièrement effacés de sa mémoire./.

# PRÉCIS

## DE LA DEFENSE

## DE VALENCIENNES,

### EN 1793.

# PRÉCIS

## DE LA DÉFENSE

## DE VALENCIENNES

assiégée, en 1793, par l'Armée combinée d'Autriche et d'Angleterre, sous les ordres du duc d'Yorck et du prince de Cobourg;

Par le Général de division J. H. BÉCAYS FERRAND, Commandant en chef la garnison de la Place.

---

A PARIS,

Chez BIDAULT, Libraire, rue et hôtel Serpente, N°. 16.

---

1805.

*Ex libris DeChermont Duponcet a Valenciennes le 23 9bre 1805. 2tt*

# NOTE

# PRÉLIMINAIRE.

*Au milieu d'exploits si brillans, de victoires si rapides remportées aujourd'hui par les armées françaises, commandées par Sa Majesté l'Empereur et Roi, le fait que je publie n'est qu'un point imperceptible; mais l'histoire du corps impérial du Génie devant traiter, dans la deuxième partie, de tous les Siéges, et ayant donné à l'auteur de cette intéressante Histoire quelques détails sur le siége de Valenciennes en 1793, je me suis déterminé à faire un Précis de la défense de cette Place, pour* désigner à Napoléon I$^{er}$. des sujets de mérite qui peuvent encore être utiles au Gouvernement.

PRECIS

# PRÉCIS

## DE LA DÉFENSE

# DE VALENCIENNES,

## EN 1793.

Valenciennes fut attaquée le 1<sup>er</sup>. mai 1793, l'an I<sup>er</sup>. de la République Française, par une armée combinée, composée de Hanovriens, Hollandais, Hessois et Anglais, forte d'environ cent cinquante mille hommes, et commandée par le prince de Cobourg, le duc d'Yorck, et le général Ferrary, célèbre ingénieur.

Cette place fut défendue par le général de division Jean-Henri Bécays-Ferrand, commandant en chef la garnison, composée de neuf mille cinq-cents hommes (a) (toutes armes comprises) et forcée de capituler le 28 juillet 1793, faute de secours. La majorité de la garnison, et quantité d'habitans de cette cité malheureuse, qui ont coopéré avec moi à sa vigoureuse et étonnante défense, dont l'histoire offre peu d'exemples, devaient s'attendre depuis long-temps à la justice que je devais

(a) *Voir les notes à la fin.*

leur rendre publiquement, en faisant connaître le zèle et la valeur dont ils ont *fait preuve*.

J'aime à croire qu'ils n'ont point désapprouvé le silence que des raisons bien puissantes m'ont forcé de garder jusqu'à présent.

A mon retour à Paris, je fus mis en arrestation jusqu'à la chûte de Roberspierre, et j'ignore encore le motif qui a pu me priver de ma liberté. Par ordre du comité de salut-public, mon journal de siége m'a été enlevé avec une grande partie de mes papiers; depuis cette époque, je n'ai pu découvrir dans quelles mains ces pièces sont restées. Il m'a donc fallu du temps pour me rappeler, sans erreur, les principaux faits qui caractérisent la défense de Valenciennes, et qui me mettent *à même* de relever le mérite dû à mes braves *camarades d'armes*, par les détails intéressans qu'elle renferme, et qui peuvent être utiles à ceux qui embrassent l'état militaire. Je n'ai point ignoré, dans toutes les circonstances orageuses du régime révolutionnaire, la part que leur affection leur a fait prendre aux événemens que j'ai éprouvés; j'ai dû craindre qu'en publiant à cette époque le journal du siége, on m'eût soupçonné le désir de ranimer chez eux un sentiment que je ne voulais devoir qu'à ma conduite, et non à des moyens qu'un homme d'honneur doit rejeter.

Aujourd'hui, sous le règne du plus juste

des souverains, sous l'empire du plus grand des héros, sous les auspices de Napoléon I$^{er}$, empereur des Français, c'est un devoir bien doux pour moi de *publier* les circonstances principales de cette défense mémorable qui honore mes *coopérateurs*; et je puis dire hautement que, sans l'énergie des députés Charles *Cochon* et *Briez*, sans le talent de plusieurs généraux et chefs de corps, sans le mâle courage de la majorité de la garnison, enfin, sans la constance de beaucoup d'habitans, je n'aurais pu parvenir à faire une résistance aussi longue et aussi opiniâtre (1).

---

(1) Toutes les fois que je pense au peu de justice que la convention et le comité de salut-public ont rendu aux habitans de la malheureuse ville de Valenciennes, mon ame s'afflige de nouveau, et conservera une plaie qui ne se cicatrisera qu'à l'époque où Sa Majesté aura pu être informée véridiquement de tous les malheurs qui ont désolé les citoyens de cette place. Dans une pétition que j'ai adressée, le 30 *pluviose an 6*, au conseil des Cinq-cents, et à celui des Anciens, je réclamais une indemnité pour ceux qui avaient perdu leurs maisons et leur mobilier, ainsi que pour les familles de ceux qui ont péri sous les ruines de leur habitation, ou dans les retranchemens, ou au service journalier des batteries. Dans ces temps de terreur et de tyrannie, ils n'ont pu rien obtenir. Je crois qu'il est de mon devoir d'implorer pour eux la justice et la bienfaisance de l'empereur, qui sait si bien alléger l'infortune *par-tout* où il en connaît les causes.

Ce fut le 26 mars 1793, que le général Dumouriez, commandant en chef l'armée du Nord, m'ordonna d'évacuer la ville de Mons, et de conduire à Valenciennes et à Condé les troupes que j'avais à mes ordres, et celles qui m'étaient arrivées le 25, au nombre de six mille hommes, commandées par le général Neuilly.

Je reçus l'ordre de prendre le commandement de Valenciennes; celui de la place de Condé fut confié au général Neuilly. Nous évacuâmes la ville de Mons la nuit du 26 au 27 mars, et nous arrivâmes le matin dans les deux places précitées.

A peine fus-je arrivé, que je fis occuper par mes troupes les villages situés entre Quiévrain et Valenciennes : j'avais eu soin, en quittant Mons, de faire rompre les ponts de *Crépin*, *Quiévrain* et *Marchipont*, construits sur la rivière de L'Onio[*] ainsi que ceux établis en avant du front de Mons.

Le 29 mars, l'ennemi se présenta en grande force sur le front de l'Onio[*] il travailla à rétablir les ponts : j'envoyai plusieurs bataillons, et le *peu* de troupes à cheval que j'avais, afin de retenir l'ennemi sur la rive droite de cette rivière, et l'empêcher de pénétrer ; mais sa supériorité contraignit ma troupe de se replier

[*] du Honniau

sur Valenciennes : je la fis rentrer dans cette place, que je ne pouvais laisser dégarnie à cause de la grande quantité de fuyards de l'armée de Dumouriez, qui s'y étaient jetés lors de la déroute de la Belgique. Ma position, prise dans les environs de la place, resta la même jusqu'à la nuit du 1er. au 2 avril, où la trahison de Dumouriez éclata : je fus assez heureux de contribuer à déjouer son projet, et à sauver les trois représentans du peuple Léquinio, Bellegarde et Charles Cochon, ainsi que la ville de Valenciennes. Les détails de cette affaire sont consignés dans le rapport qu'ils en ont fait le 23 avril 1793, imprimé par ordre de la convention nationale.

Les *manéges* que le général Dumouriez et ses complices, avaient *employés* pour corrompre son armée, la laissaient dans l'incertitude sur le parti qu'elle avait à prendre. Les députés et moi, *nous fîmes*, le 3 avril, deux proclamations (1), qui furent envoyées à tous les corps, et parfaitement accueillies par l'armée, qui abandonna son infidèle général, se rendit *en détail* sous les murs de Valenciennes, et dans le camp que j'avais tracé le même jour, entre *Famars* et la *Briquette*. Quelques jours après, j'adressai à ma garnison et aux troupes cantonnées, une autre

---

(1) Voyez à la fin, numéros 1 et 2.

proclamation (1), qui produisit tout l'effet que j'en attendais. Le respect, la subordination et la discipline furent entièrement rétablis.

Les députés de la convention nommèrent provisoirement au commandement de l'armée le général Dampierre, qui mit tous ses soins à la réorganiser. Ayant jugé qu'elle se trouvait trop près de la frontière qu'occupait le prince de Cobourg, il la fit camper le 5 avril près Bouchain, où elle resta jusqu'au 20 du même mois, qu'elle reprit sa première position du camp de Famars.

Dès le 8 avril, l'ennemi avait bloqué la ville de Condé; il s'était emparé des bois de Raismes, de Vicogne, d'Asnon. Il occupoit les camps de Maulde, de Bruille et *la ville* de St-Amand. Il avait aussi formé depuis le village de St-Sauve jusqu'à ceux de ~~Persio~~ Preseau, Triet et Fontenelle, une circonvallation qui enveloppait *un tiers* de la place de Valenciennes.

Le 1$^{er}$ mai, le général Dampierre voulant chasser l'ennemi de cette ligne, et de sa première parallèle qu'il avait déjà faite en partie, réunit à son armée les troupes de garnison qui avoisinaient la position de son camp de Famars. Du tout, il forma quatre colonnes avec le dessein d'attaquer le prince de Cobourg, depuis Sebourg, jusqu'à St-Amand, et cher-

---

(1) Voyez à la fin, n.° 2.

✳ Preseau.

cher en même temps à débloquer Condé. Ces quatre colonnes se mirent en marche à quatre heures du matin ; celle de la droite, commandée par le général Lamarche, qui devait attaquer les villages de ~~Genlins~~ et Sebourg, et se diriger ensuite sur celui d'Etreux, fut mise en déroute par une troupe de cavalerie ; elle se retira, *sans coup férir*, dans son camp de Famars. La seconde colonne, commandée par le général Rosière, ayant été attaquée par des forces supérieures, fut forcée de se replier sur le même camp. La troisième, commandée par le général en chef Dampierre, ayant rencontré l'ennemi en très-grande force, au village d'Etreux, se retira comme les deux premières.

J'avais l'honneur de commander la quatrième colonne, placée sur les hauteurs du moulin du Rouleur, où je restai une heure et demie en présence de l'aile gauche de l'armée du prince de Cobourg. Je fis connaître ma position au général Dampierre, qui m'ordonna de faire promptement ma retraite ; je la fis avec beaucoup de peine : j'eus plusieurs hommes blessés, et environ cent cinquante tués.

Les garnisons du Quesnoy, de Landrecies et d'Avesnes s'étant réunies sous les ordres du général La Roque, ci-devant colonel du régiment Dauphin, arrivèrent au village de Genlins*, une demi-heure après que la colonne du général Lamarche se fut retirée. Il s'engagea

\* Jenlain

un combat très-vif avec les troupes du prince de Cobourg. La supériorité de l'ennemi fit replier le général La Roque sur le Quesnoy. Les troupes qui défendoient les postes d'Anzin, Raismes *Bevrage*, Vigogne et Asnon, se battirent une partie de la journée ; les garnisons de Lille et de Douay, commandées par le général Lamarlière, arrivèrent jusqu'à la ville de St-Amand, *donnèrent* peu sur l'ennemi. Enfin, malgré tous nos efforts, l'armée ennemie ne perdait pas de terrain.

Le 8 mai, on fit la même tentative que le premier du même mois, sans avoir plus de succès. En faisant des reconnaissances vers de nouvelles batteries, que l'ennemi construisait à l'avant-garde d'Anzin, le général en chef Dampierre eut une cuisse cassée par un boulet : il mourut le lendemain.

Le commandement de l'armée fut donné provisoirement au général Lamarche, qui fit de suite les dispositions nécessaires pour se maintenir dans le camp de Famars, et dans les quartiers d'Anzin, Asnon, Vigogne et Raismes, occupés par l'avant-garde.

Le 23 mai, à la pointe du jour, le prince de Cobourg, attaqua l'armée du général Lamarche, sur la droite du camp de Famars, et à l'avant-garde d'Anzin. Les redoutes de Famars, couvrant la droite du camp, furent emportées dès la première attaque ; les re-

# *Lis. Beuvrages, Vicogne, Hasnon.*

doutes d'Aulnois, et celles du mont du bois de Fontenelle* tinrent bon pendant quelques heures, ainsi que la plupart des postes d'Anzin. Le feu fut vif de part et d'autre ; la perte fut considérable : il y eut beaucoup de blessés.

A quatre heures après midi, le général Lamarche rentra dans Valenciennes, se rendit chez les représentans du peuple, Bellegarde, Cochon, Courtois, Briez et Dubois-Dubais, qui s'étaient réunis dans la place, et leur déclara qu'il ne pouvait tenir plus long-temps dans le camp de Famars, et dans les postes d'Anzin et d'Asnon, vu la supériorité de l'ennemi.

Le général Lamarche m'ayant fait appeller, me dit en présence des représentans, que j'étais destiné à défendre Valenciennes ; qu'il fallait sans délai prendre les mesures nécessaires pour soutenir un siége, et qu'il était probable que la place serait bloquée pendant la nuit. Le général ayant dit ensuite qu'il allait se replier avec son armée entre Bouchain et Cambray, je lui observai qu'il pourrait peut-être empêcher les progrès de l'ennemi, et protéger encore Valenciennes, en conservant le terrain qu'occupait l'avant-garde, depuis Asnon jusqu'à Anzin, en appuyant la gauche de son armée à la droite de l'avant-garde, et longeant jusqu'au pont de Rouvigny ; *qu'au moyen de cette mesure*, son armée serait appuyée et

*\* Pourquoi ne pas dire le mont Joui ou Hauwis comme on le nomme ?*

couverte par des bois, quelques villages, les rivières de la Scarpe, de l'Escaut et de la Ronelle, ainsi que par l'inondation supérieure de Valenciennes. Le général Lamarche ayant jugé que cette position n'était pas *tenable*, je lui demandai alors vingt bataillons des plus complets de son armée; il ne m'en fut donné que dix-sept, pris au hasard, et très-faibles.

D'après le parti pris par le général Lamarche, je fis savoir de suite à la municipalité, aux habitans, et aux réfugiés, que ceux qui ne voudraient pas être témoins du désastre d'un siége n'avaient pas de temps à perdre pour sortir (1); que vraisemblablement la place

---

(1) Je leur montrai l'exemple, en engageant mon épouse à sortir promptement de la place; jugeant bien que sa présence ne pouvait m'être que nuisible au milieu des travaux importans et multipliés dont je me trouvais chargé : elle vainquit *la répugnance* qu'elle avait à me quitter, et partit dans la soirée du 23 mai. Le chagrin et les inquiétudes qu'elle ressentit sur ma situation, pendant le siège et bombardement, altérèrent tellement sa santé, que j'eus *peine* à la reconnaître à mon arrivée à Paris, le 6 août 1793. C'est en vain que je voulus prendre des précautions pour lui annoncer le désastre de sa fortune, le ravage, par l'armée ennemie, de ses propriétés situées entre Bavay et Valenciennes; et la perte de sa maison de Valenciennes, écrasée par les bombes et les boulets; elle me tira aussitôt d'embarras, en me disant : « Je n'ai rien perdu puisque je re- » trouve mon époux; il a été utile à sa patrie, je suis » contente ».

serait bloquée dans la nuit, ou dans la matinée suivante. *Elle le fut en effet* le 24 mai, à deux heures du matin. Je m'aperçus dans la journée que très-peu d'habitans et de réfugiés avoient profité de l'avis que j'avais donné; en sorte que la ville contenait une population de 30 à 35 mille ames.

Les députés Briez, Charles, Cochon et moi, nous nous occupâmes de suite de la visite exacte de tous les magasins militaires, que nous trouvâmes assez bien garnis, excepté celui des fourrages, et le dépôt des bouches à feu, bombes, obus et boulets, qui n'étaient pas assez approvisionnés pour la défense d'une place si importante; il fallait au moins deux cent quarante bouches à feu, il n'en existait que cent trente-huit, non compris quelques pièces de bataillon, et nous étions loin d'avoir mille coups à tirer par chaque pièce d'artillerie. Il y avait à peine des fourrages pour nourrir pendant huit jours les chevaux, les bœufs, vaches et moutons. Cette pénurie nous détermina à ordonner une visite domiciliaire dans la ville et ses fauxbourgs. Quand nous eûmes connaissance de la quantité de fourrage qui existait chez différens particuliers, nous *supputâmes* le nombre de chevaux qu'on pourrait conserver pendant trois ou quatre mois, dans l'espoir qu'on viendrait pendant ce temps à notre secours; nous réservant d'en faire tuer, *à mesure* que notre défense se prolongerait, nous en conservâmes trois cent soixante-neuf pour le service urgent du siége; *savoir* :

> pour l'artillerie . . . . . . . . . . . . . 100
> pour une partie de la cavalerie . . . 240
> pour les vivres . . . . . . . . . . . . . 6
> pour le génie . . . . . . . . . . . . 6
> pour les officiers généraux. . . . . . 17
> _____
> 369 #

A l'égard des autres chevaux appartenant au militaire et aux habitans, il fut décidé au conseil de guerre qu'ils seraient tués, après que l'estimation en aurait été faite par experts. Cette décision fut exécutée infidèlement, ainsi que la visite domiciliaire relativement à la recherche des fourrages. Des mal-intentionnés cachèrent beaucoup de chevaux qui devaient être tués, et lesdits chevaux parurent montés par des personnes inconnues, qui se mêlèrent avec les révoltés dans les journées du 26, 27, et 28 juillet 1793.

Dans cette visite domiciliaire, nous trouvâmes environ douze cents hommes, officiers, sous-officiers, soldats, et quelques hommes du contingent qui n'avaient pas encore été placés dans les bataillons, ainsi que beaucoup de boulangers de l'armée, et de charretiers qui avaient abandonné leur brigade le 25 mai,

# *Voy. la note*
A Faux, il n'y eut pas de révoltés, cela a été prouvé dans le mémoire à la Convention contre le rapport des Députés.

lorsque le camp de Famars fut attaqué par l'armée de Cobourg, s'étoient jetés dans la place, et s'y firent renfermer. Je pris le parti de placer tous ces fuyards dans les bataillons qui formaient la garnison du siége; une grande partie fut incorporée dans le bataillon permanent de Valenciennes qui était très-faible. C'est au moyen de ces douze cents fuyards que ma garnison était forte à-peu-près de dix mille hommes, y compris huit cents canonniers (1),

---

(1) Cette brave artillerie était composée de quelques compagnies de Paris, commandées par MM. les capitaines Suard, 2ᵉ. compagnie de la section du Luxembourg, placée au cavalier des Capucins; Langlade, de la section de la fontaine de Grenelle; Dugourd, *idem*; Prélas, de la section des Filles St.-Thomas; Laurent, de la butte de Moulins; Legendre, des Quinze-Vingts; et le capitaine de la section des Gravilliers, dont le nom *m'a échappé*; d'une compagnie formée des habitans de Douay; de quatre compagnies formées des principaux habitans de Valenciennes, capitaines Simon Massi, Baudoux, ~~Aulnis~~ père. La plupart de ces dernières ont servi gratuitement, et n'ont jamais voulu quitter le service qu'elles avaient commencé au front d'attaque. Toutes ces compagnies d'artillerie de Paris, de Douay, de Valenciennes, ainsi que les détachemens de canonniers des 3ᵉ. et 6ᵉ. bataillons de ligne, se sont conduites pendant le siège avec courage, zèle et intelligence, et ont vivement coopéré à la défense de la place. J'ai été très-souvent témoin que les coups lancés par nos batteries, dans les embrasures de l'ennemi, étaient si bien ajustés, qu'ils frappaient presque toujours les pièces des assié-

# *Honnis*.

et trois cents hommes à cheval. Le pourtour du chemin couvert de la ville et de la citadelle, compris les ouvrages extérieurs, contenant environ onze mille toises, il m'aurait fallu quatorze ou quinze mille hommes de garnison.

Le même jour, 24 mai, je fis commander l'inondation supérieure. M'étant aperçu qu'elle ne se faisait que très-lentement, je fis faire, en ma présence, une visite d'après laquelle je trouvai que la base des écluses était dans le *plus grand désordre*. Je demandai au général de division Blacquetot, inspecteur du génie, accompagné du chef de brigade Tholosé, et du capitaine Dembarère, officiers du génie, ainsi que de l'adjoint Daupoul, qui sortait de l'école de Mézières (1), si tous les moyens de défense étaient préparés ; ils me rendirent compte que toutes les parties étaient en ordre, autant que les circonstances avaient pu le permettre. Cependant cette défectuosité aux écluses faillit causer de grands malheurs, et aurait pu abréger la défense de la place. Je fis donc en-

---

geans à l'embouchure ou en rouage. Enfin, dans toutes mes visites, j'étais satisfait des postes et de la conduite des officiers d'artillerie.

(1) M. de Blacquetot, brave et loyal militaire, était âgé et malade. Les trois autres officiers du génie étaient *depuis peu* dans la place.

foncer des pieux près des écluses, et jeter beaucoup de fumier et des terres ; ces bâtardeaux réussirent si bien, que le cinquième jour de cette opération l'inondation *fut au blanc*, et continua successivement jusqu'à sa plénitude ; celle de la Ronelle étoit déjà faite depuis quelques jours. A l'égard de l'inondation inférieure, je n'ai pu en tirer parti, parce que l'ennemi s'était rendu maître, dès le 8 avril, époque du blocus de Condé, des écluses de la Folie, situées entre Valenciennes *et celles de Condé*, qui soutenaient cette même inondation.

J'avais différé jusqu'à la dernière extrémité l'inondation supérieure, pour donner le temps aux habitans de la campagne de tirer parti des fourrages autant que possible, et laisser ignorer à l'ennemi la distance à laquelle pourrait s'étendre l'eau, présumant qu'il viendrait peut-être camper sur une partie du terrain qui devait être submergé, et qu'il construirait mal ses digues de communication. Il est résulté de ce délai que *l'agricole* a profité du fourrage jusqu'au 24 mai ; que l'ennemi a construit ses digues de communication trop basses ; qu'il a été contraint de les exhausser après coup, et à plusieurs reprises, de sorte qu'elles n'ont pu lui servir que pour les gens de pied. Il est donc constant que si l'ennemi eût trouvé l'inondation faite plutôt, il eût construit ses digues assez larges pour le passage de ses convois, au lieu qu'il était obligé de faire faire un détour d'environ quatre lieues.

Dès le 25 mai, je m'occupai d'un réglement de siége. Je tâchai de prévoir tout ce qui pouvait procurer une vigoureuse défense. La suite de ce précis justifiera que mes principes ont eu un heureux résultat, puisque les dix mille *hommes environ* qui composaient ma garnison, ont résisté *près de trois mois* à une armée assiégeante; forte de cent quarante à cent cinquante mille hommes, qui a foudroyé Valenciennes avec quatre cents bouches à feu, pendant quarante-trois jours et quarante-trois nuits, sans relâche. Dans les mesures générales que j'employais, j'agissais de concert avec les députés Charles Cochon et Briez (1).

---

(1) Dès le jour du blocus jusqu'au 1er. août 1793, j'avais tenu un journal où était rapporté tout ce qui s'était passé de plus remarquable pendant le siége et bombardement : j'ai dit plus haut que ce journal m'a été enlevé ; je remis au ministre de la guerre Bouchotte, le 6 août même année ; la capitulation, signée du duc d'Yorck et de moi, ainsi que ma correspondance avec ce prince, avec les généraux Impériaux, et avec les généraux de l'armée du Nord. Le ministre fit passer tous ces papiers du siége au comité militaire, qui les remit au comité de salut-public. La convention nationale ordonna, par deux décrets, des 25 août et 22 septembre 1793, que le rapport du siége de Valenciennes fût fait sous le plus court délai ; je ne sais pour quelles raisons

J'établis

J'établis un conseil de guerre, où assistaient les représentans du peuple, une partie du district, de la municipalité, les généraux, les chefs de corps et les commissaires des guerres. On y traitait de toutes les affaires relatives à la partie militaire et administrative. J'établis en même temps un *comité de siège*, composé des deux députés, des généraux, des officiers supérieurs, des chefs du génie et de l'artillerie. Il n'y était traité que des objets relatifs à la défense de la place et à la discipline.

Chaque jour je remettais aux généraux et officiers supérieurs de service pendant vingt-quatre heures, un détail des précautions à prendre pour la sûreté de la place.

L'ennemi attaqua le faubourg de Marly le 26 mai à la pointe du jour, avec plus

---

Robespierre s'opposa toujours à l'exécution de ces décrets, et par quelle fatalité je n'ai pu, depuis ce temps, retrouver mon journal. Il avait été mis au net dans les derniers jours du siége par un officier d'artillerie de Paris, nommé Daubanel : le lendemain de la capitulation, les généraux-commissaires Impériaux, en venant prendre connaissance de mes papiers, exigèrent mon journal. Sur mon refus, la discussion s'échauffant de part et d'autre, le député Charles Cochon me dit qu'il ne voyait pas de difficulté à en délivrer une copie. D'après cet avis, je présentai aux commissaires impériaux la copie mise au net, où il manquait les dix derniers jours de la défense, époque des événemens les plus importans.

de quatre-vingt bouches à feu. Il avait *l'avantage* des hauteurs assez voisines qui le dominaient (1). J'avais demandé que ce faubourg fût retranché, afin de pouvoir disputer aux assiégeans la première approche du front d'attaque : comme ces ouvrages n'avaient pu être achevé, l'ennemi s'en rendit maître au bout de dix à douze heures. Il fut presque réduit en cendres ; nos pièces d'artillerie furent toutes démontées et fort endommagées ; il y eut beaucoup de tués et de blessés, et plusieurs habitans furent ensevelis dans les décombres de leurs maisons. Le général de brigade Beauregard, qui défendait ce poste, fut forcé de l'abandonner entièrement ; il rentra dans la place avec le plus grand ordre, ramenant toute son artillerie.

Le même jour, 26 mai, l'ennemi continua à travailler avec activité aux redoutes et batteries sur les parties qui dominaient la place. Nous l'inquiétâmes *autant que possible*, par un feu d'artillerie *vif et bien nourri*. Je recommandai cependant de ménager les munitions, et de les réserver pour le temps où l'assiégeant s'approcherait des ouvrages extérieurs et du chemin couvert, observant aux braves canonniers qu'alors la poudre serait mieux employée,

---

(1) Ce faubourg est situé en avant *des glacis* de la porte de Cardon.

et leurs coups lancés avec plus de justesse et d'effet.

Le 14 juin, après que l'ennemi eut fini sa première parallèle ainsi que les boyaux de tranchée pour la communication de la circonvallation à la parallèle, il établit ses batteries sur tous les points.

Le duc d'Yorck m'envoya, à quatre heures après midi, un trompette porteur de deux lettres, dont le contenu portait sommation de rendre la place ; l'une était pour la commune de Valenciennes. Par l'autre, qui était *à mon adresse*, j'étais invité à capituler, pour éviter le malheur d'un siége et la ruine des habitans (1). Ma réponse fut bientôt faite. J'envoyai à ce prince, par mon aide-de-camp Lavignette, un exemplaire du serment que ma garnison, les habitans et moi avions renouvelé le 30 mai, huitième jour du blocus (2).

La municipalité fit aussi une réponse qui me donna l'assurance que je serais bien secondé par elle et par ses habitans. Aussi, pendant le siége, les membres du conseil général de la commune, M. Pourtalès, maire de la ville, et les membres du disctrict, ont donné les plus grandes preuves de zèle pour le service de la

---

(1) Voir à la fin du précis, n°. 3.
(2) *Idem*, n°. 4.

patrie, et m'ont parfaitement secondé dans ces circonstances orageuses (1).

Les menaces de *Frédéric*, duc d'Yorck, ne tardèrent pas à s'effectuer ; vers sept heures du soir *les batteries* de canon, de mortiers, d'obusiers tirèrent en même temps sur la ville dans la partie du front de Tournay (2); nos braves canonniers et bombardiers parvinrent, en moins de 24 heures, à les démonter, et à *embrâser* les maisons qui les couvraient.

Les 16, 17 et 18 juin l'ennemi plaça un grand nombre de batteries sur le front de Cambray, sur les éminences qui tiennent à la gauche de l'inondation supérieure. Il dirigea tout le feu sur cette partie, tant sur la ville que sur les ouvrages de la fortification ; et dans la nuit du 19, quatre-vingt bouches à feu furent aussi placées sur les éminences du moulin du Rouleur, et sur celles des environs du village de St.-Sauve, de même que dans sa première parallèle, qui enveloppait la place depuis le bas Escaut à St.-Roch, jusqu'au faubourg de Marly.

---

(1) 4 *bis*, 4 *ter*, à la fin.

(2) En peu de tems le quartier de Tournay fut très-endommagé : plusieurs maisons furent incendiées ; beaucoup d'habitans furent blessés ; dix pompes éteignirent promptement le feu, grâces au zèle et à l'intelligence de la compagnie de pompiers que j'avais organisée, et qui était commandée par M. Perdry, ancien constituant.

Le feu continuel de cette quantité d'artillerie dura, sans relâche, jusqu'au 26 juillet; la moitié de la ville fut réduite en cendres, l'autre moitié fut très-endommagée. J'ai toujours soupçonné que ce désastre effrayant n'avait lieu que par l'effet d'une trahison commise par des gens inconnus qui avaient des intelligences avec l'ennemi ; j'ai présumé que le lieutenant-colonel d'artillerie, directeur de l'arsenal, n'était pas sans reproche. Les députés l'ayant fait appeler au conseil de guerre général assemblé, lui firent, en ma présence, quelques observations sur certaines négligences qu'il avait commises. En ma qualité de président du conseil de guerre je lui fis plusieurs questions relatives à la défense de la place : il parut embarrassé, et demanda jusqu'au lendemain pour me répondre ; mais dans la même nuit, 19 juin, sixième jour du bombardement, il *se brûla la cervelle* ; et immédiatement après cet événement le feu se manifesta dans toutes les parties de l'arsenal qui renfermait ce que nous avions de plus précieux. Les quatorze mille fusils de rechange qui y étaient déposés se trouvaient chargés à balles, et placés horizontalement sur les chevalets, de sorte qu'au moment où le feu gagna ces armes, les balles étant dirigées contre les maisons circonvoisines, il fut impossible d'apporter des secours, et d'arrêter l'incendie, qui consuma tout en moins de quatre heures. Ce directeur fut remplacé par le capitaine d'artillerie Lauriston, que je fis lieutenant-colonel (1).

L'ennemi s'était déterminé à bombarder la place avec autant d'acharnement, dans l'espoir que les réfugiés et les habitans m'obligeraient à la livrer promptement. Dans la journée du 21 juin, une troupe de réfugiés s'étant rassemblée sur la place d'armes, se porta à la municipalité, et demanda à grands cris une capitulation. Les représentans du peuple et moi nous nous transportâmes au lieu de l'attroupement. J'ordonnai à ces rebelles, au nom de la loi, de se retirer de suite; et je leur permis de m'envoyer une députation, à laquelle je ferais part des intentions du conseil de guerre que j'allais assembler. Je les prévins que s'ils n'obéissaient pas à l'instant, j'allais déployer contre eux la plus grande sévérité militaire. Cette menace dispersa l'attroupement; chacun se retira chez soi pour y attendre ma réponse, qui fut une proclama-

─────────

(1) Le capitaine Georgin, du 3ᵉ. régiment d'artillerie, que j'avais chargé de la conduite de l'attelier destiné à la réparation des armes, et d'autres objets nécessaires à la défense, s'est très-bien acquitté *de sa mission*; il a, par son intelligence et son zèle, suppléé, autant que possible, à la perte de nos fusils devenus la proie des flammes.

tion (1), approuvée par les députés et le conseil de guerre. Cette proclamation en imposa tellement aux rebelles, qu'ils se tinrent tranquilles jusqu'à la malheureuse journée du 26 juillet.

L'ennemi voyant son projet manqué, prit le parti de faire usage des procédés lents dans sa conduite d'attaque, pendant laquelle nous lui avons fait perdre beaucoup de monde, et quantité de bouches à feu furent mises hors de service par notre artillerie. Il avait commencé, le 18 juin, sa seconde parallèle; elle fut bientôt construite, à la faveur d'un chemin creux *régnant* dans une partie du front d'attaque.

Dans la nuit du 28 au 29 juin il déboucha de cette seconde parallèle par des boyaux de tranchée, et se dirigea, comme précédemment, vers le saillant de l'ouvrage à corne de Mons et de sa demi-lune; un autre cheminement de tranchée fut dirigé de même vers le saillant de la lunette St-Sauve, ce qui détermina deux points d'attaque qui devaient se soutenir mutuellement, l'une sur l'ouvrage à corne de Mons, l'autre sur les ouvrages en avant du bastion de Poterne, et sur la longue Courtine, depuis ledit bastion jusqu'à la porte de Mons; il y avait une troisième *attaque*, sans tranchée, dirigée sur le bastion des Huguenots et sa demi-lune: dès-lors nous employâmes tous les

---

(1) Voir, n°. 5.

moyens de défense ; et nous réussîmes si bien que nous parvînmes à retarder les progrès des travaux de l'ennemi, et lui fîmes perdre beaucoup de monde ; notre feu l'intimida tellement, qu'il n'osa jamais sortir *de sa troisième parallèle*, qui se trouvait approchée du chemin couvert, sur le front d'attaque, de 15 à 20 toises ; il fit des contremines dirigées sur le saillant de l'ouvrage à corne de Mons, dans l'espoir de rencontrer nos mines *pour les éventer* ; n'ayant pu y parvenir, il projetta d'attaquer de vive force le chemin couvert et les ouvrages extérieurs, afin d'éviter l'effet de nos mines, et la grande perte qu'il présumait faire en attaquant progressivement.

Je m'aperçus du dessein de l'ennemi dès le commencement de sa deuxième parallèle, puisqu'il battit en brèche en même temps qu'il continuait à embraser la place ; la brèche du bastion des Huguenots était praticable depuis le 19 juillet au soir, elle était d'une étendue à pouvoir faire monter trente à quarante hommes de front ; je pris le parti de faire *gonfler* les eaux des fossés autant que possible, aux *dépens* de l'inondation supérieure ; comme l'ennemi était maître de la digue qui soutenait ces eaux, il aurait pu mettre à sec ces fossés en moins de vingt-quatre heures, et d'autant plus aisément que les ouvrages de la partie de ce front n'avaient pas été achevés depuis que

M. l'ingénieur en chef Filet l'avoit fortifié de nouveau. Il n'existait que le *tracé* du chemin couvert.

La brèche du bastion de Poterne et celle de la longue Courtine, déjà citée, n'étaient point aussi praticables que la première, et *l'accès* en était d'autant plus difficile que la *partie* du mur du rempart qui n'avait pas été atteinte par les boulets était chaque jour dégagée de l'encombrement des terres éboulées du parapet et du rempart. D'après les intelligences qu'il avait dans la place, l'ennemi fut bientôt informé de la précaution que j'avais prise de faire déblayer les éboulemens. Alors il dirigea au pied des brèches un feu d'artillerie très-vif; mais rien ne fut capable de ralentir le zèle des braves que j'employais au déblayement. Pendant le plus grand feu ils se mettaient dans les fossés des *ouvrages voisins*, où ils étaient à l'abri de tout danger; aussitôt que le feu devenait moins vif ils revenaient aux brèches déblayer les terres éboulées : Sans cette mesure les brèches auraient été praticables un mois plutôt, et, pour les former, l'assiégeant usa tant de munitions, qu'il tirait ensuite dans nos ouvrages et sur la place avec des pavés arrondis.

Dans ce travail périlleux, je fus parfaitement secondé par plusieurs officiers dont les noms sont consignés dans mon Journal, et notamment par M. Daupoul, officier du génie adjoint, et par l'un de mes aides-de-camp nommé Moraux, qui ont montré dans cette circonstance, comme pendant tout le siége, beaucoup de zèle, d'intelligence, et de courage.

La nuit du 22 au 23 juillet l'ennemi se décida à attaquer de vive force le chemin couvert et les ouvrages extérieurs; voulant de suite tenter l'assaut il fut repoussé avec perte; dans les nuits du 23 au 24, et du 24 au 25, il fit la même tentative, et rencontra la même résistance : mais dans la nuit du 25 au 26, vers les onze heures, l'ennemi fit jouer plusieurs fourneaux de mines devant l'ouvrage à corne de Mons, à la proximité des palissades. Au moment de cette explosion, le chemin couvert de chaque point d'attaque fut assailli par environ vingt-cinq à trente mille hommes. Nos troupes résistèrent à l'ennemi sur plusieurs points par une fusillade bien soutenue, et avec la bayonnette. Il y eut du carnage de part et d'autre, surtout à l'endroit où le jeu des fourneaux avoit eu lieu : nos troupes de garde, ébranlées par l'explosion, et accablées par le nombre d'ennemis, rentrèrent en désordre dans la place par les poternes; informé à l'instant de cet événement par un officier de garde dans cette partie, je me transportai sur les lieux, et je ne trouvai que les troupes du front d'attaque de S.-Sauve qui tenaient encore bon malgré la supériorité de l'ennemi : je ralliai les troupes rentrées dans la place, je les ramenai pour reprendre leur premier poste ; *mais à peine* fûmes nous sortis et avancés, qu'une foule innombrable d'assiégeans *répandus* dans les fossés et dans les ouvrages extérieurs nous força de nouveau à faire un mouvement rétrograde. Mes troupes s'étant retirées précipitamment dans la place, je leur fis de suite border le rempart, et pendant tout le reste de la nuit on fit sur l'ennemi, de toutes les parties du front d'attaque, un feu continuel de mousqueterie, de grenades, de bombes, d'obus et de canons à mitraille. Outre des barils foudroyans, tous les préparatifs nécessaires étaient disposés pour le recevoir vigoureusement s'il se fût approché des brèches pour exécuter l'assaut. ( 1 )

---

(1) La garde des ouvrages avancés de ce front était commandée par les officiers supérieurs *Leféron*, commandant du 1er. bataillon des deux Sèvres, et *Cumel*, adjudant-général Belge. Tous deux se sont distingués dans cette nuit. Leurs troupes furent enfin repoussées et poursuivies jusqu'aux poternes qui communiquaient dans la place, et que j'avais fait ouvrir pour les recevoir. Leur rentrée fut favorisée par d'autres troupes que j'avais placées sur le rempart. On ne perdit pas de temps à barricader ces poternes d'une manière impénétrable ; les troupes rentrées, quoique harassées de fatigue, se réunirent aux autres sur le rempart, et firent sur l'ennemi un feu de mousqueterie et de mitraille si vif et si nourri, qu'ils le forcèrent d'abandonner une grande partie des ouvrages extérieurs qu'il venait de prendre. J'ai beaucoup à me louer, en cette occasion, de l'activité de mes aides-de-camp Moraux et Lavignette.

A la pointe du jour je m'aperçus que l'ennemi n'avait pu conserver que l'ouvrage à corne de Mons et la lunette St.-Sauve, où il travaillait à se retrancher: j'ordonnai de suite aux généraux et officiers supérieurs Dembarère, Tholosé, Boilaud, Beauregard, Batin, Leféron, Gambin, le Comte, Cumel, Richon et autres, dont j'ai oublié les noms, d'aller reprendre sur-le-champ possession de tous les postes avancés du front d'attaque, ainsi que les chemins couverts qui n'étaient plus occupés par l'ennemi; mon ordre fut exécuté avec toute la célérité possible: ces généraux et commendans trouvèrent que l'ennemi avoit encloué la plus grande partie des bouches à feu; mais comme c'était avec des cloux ordinaires, les lumières furent bientôt débouchées, et les pièces mises promptement en batterie, de sorte que toute l'artillerie du front d'attaque commença un feu très-vif dirigé sur les deux ouvrages extérieurs qu'occupaient les assiégeans, *ainsi que sur les parallèles*; je me flattais de les forcer bientôt à abandonner ces deux postes qu'ils avaient conservé; mais mon espoir s'évanouit par une fatalité à laquelle je ne m'attendais pas.

A onze heures du matin, 26 juillet, la partie de nos troupes qui gardait les ouvrages extérieurs du front d'attaque, les abandonna sans avoir été attaquée. Nous employâmes inutilement tous les moyens pour ramener ces militaires à leur poste, et les faire revenir du découragement qui les avait saisis; nous ne pûmes faire garder que le premier fossé de la place et le corps du rempart comprenant les trois brèches. Dans ce moment je reçus du duc d'Yorck un trompette qui m'apportait deux lettres, l'une pour la municipalité et l'autre pour moi : ce prince me sommait de nouveau de lui livrer la place (1). J'assemblai le conseil de guerre général, auquel je joignis une députation des autorités constituées. A l'ouverture de la séance les réfugiés, dont il a été parlé, et une foule de peuple s'assemblèrent autour de la Maison-Commune; et quand on eut fait lecture des deux lettres précitées, la municipalité et le conseil demandèrent avec instance à connaître de suite dans quel état étaient les ouvrages du front d'attaque. Pendant les discussions qui eurent lieu à ce sujet, quelqu'un eut, à mon insu, l'imprudence de lire lesdites lettres au peuple attroupé. Cette lecture inspira une alarme presque générale. Il fut décidé, par le conseil de guerre général, qu'il serait assemblé aussitôt un conseil de guerre *purement* militaire, chargé de constater l'état des ouvrages du front d'attaque, et de lui en rendre compte. Examen scrupuleusement fait, la majeure partie du conseil de

---

(1) Voir à la fin du précis, n°. 6.

guerre assura que la place pouvait encore résister quelques jours. Je déclarai, *moi*, que la défense pouvait se prolonger au moins quinze jours, et même plus, tant que les munitions ne nous manqueraient pas absolument : qu'il nous restait, à la vérité, peu de bombes et d'obus; mais comme *la troisième parallèle* n'était pas éloignée du chemin couvert, j'observai que nous pourrions nous servir avec succès des bombes et obus jetés par les assiégeans dans les ouvrages et dans la place, qui n'avaient point éclaté (1), et que j'avais fait enlever successivement (2).

Les attroupemens devinrent plus nombreux sur la place d'armes : c'étaient les réfugiés; il s'y était joint beaucoup de militaires de la garnison, que je reconnus pour être les fuyards du

---

(1) Depuis quelques jours je m'étais servi de ce moyen, quoiqu'ils ne fussent pas du calibre de nos bouches à feu.

(2) Pour les militaires qui manqueraient à leur service, et pour les bourgeois qui se trouveraient arrêtés, j'avais imaginé une punition bien sévère, mais dont le résultat devint utile à la défense de la place. Dès le commencement du bombardement je fis renfermer *les coupables* dans une église, et j'ordonnai qu'ils fussent conduits, deux fois par jour, dans les fossés et ouvrages de la place, pour ramasser les bombes et obus qui n'avaient point éclaté, ainsi que les boulets de l'assiégeant. Ce moyen me procura 25 à 30 mille de ces objets, et corrigea les insubordonnés.

camp de Famars qui s'étaient jettés dans la place dans la journée du 23 mai, et que j'avais incorporés dans les bataillons formant ma garnison de siége. Ces malveillans et ces mutins réunis voulaient, par leurs cris séditieux, par leurs menaces et leurs marques de désespoir, me forcer à capituler de suite, et à quelques conditions que pût prescrire le duc d'Yorck (1).

Ce soulèvement inattendu, ces rassemble-

---

(1) J'avais su pendant long-temps soutenir le courage des uns et la constance des autres, en les *flattant* toujours de l'espoir qu'on viendrait à notre secours, présumant bien que le général Kilmaine, commandant l'armée campée entre Bouchain et Cambray, le ministre de la guerre *Bouchotte* et le comité de salut-public apprécieraient mieux l'avantage de conserver à la République cette place importante, devant eux-mêmes connaître d'ailleurs qu'elle était médiocrement fortifiée, mal approvisionnée en munitions et autres objets nécessaires à sa défense, que ma garnison était très-faible, et qu'en admettant même qu'elle fût bien approvisionnée, elle ne pouvait, selon Vauban, résister que six semaines au plus. Je saisissais toutes les occasions d'assurer aux habitans que l'armée, qui n'était qu'à trois lieues, et qui pouvait compter les coups qui frappaient la ville ou les remparts, arriverait incessamment, et que nos espérances seraient enfin réalisées; mais *leur désespoir était à son comble*, quand ils virent que le siége durait depuis trois mois, le bombardement depuis 43 jours et 43 nuits sans relâche; et qu'il avait été jeté dans la ville et dans les ouvrages au moins trois cent mille boulets, **bombes et obus**, non comprises les pierres et les grenades.

mens de rebelles, dont une partie était armée, *le délabrement* des ouvrages du front d'attaque, trois brèches existantes, la moitié de la ville en cendres, telle était notre position qui determina le conseil de guerre à entrer en négociation avec les assiegeans. En conséquence nous dressâmes un projet de capitulation, composé de 25 articles, que j'envoyai, par mon aide-de-camp Lavignette, à Son Altesse Royale le duc d'Yorck; ce prince m'adressa pour toute réponse une refutation de la plupart de nos articles. Je lui écrivis une lettre par laquelle (1) je voulais bien me *restreindre* à quelques-uns des articles réfutés, mais je le prévins aussi que s'il refusait ceux que je me réservais j'étais décidé, avec ma brave garnison et *la majorité* des habitans, à périr sur la brèche, lui observant qu'il n'y en avait pas encore une praticable. Je lui mandais en outre que je lui envoyais trois commissaires militaires et trois civils, avec plein pouvoir aux premiers, de traiter définitivement du sort de la place. Ces trois commissaires étaient les généraux *Tholozé* et *Boilaud*, et un capitaine du premier bataillon de la Nièvre, nommé *Brumières*. Ils obtinrent que la garnison se retirât dans l'intérieur de la République. Le duc d'Yorck et le prince de Cobourg insistèrent

---

(1) Voir à la fin, n°. 7.

principalement

principalement sur ce que les deux représentans sortissent de la place avec la garnison, sans être connus *pour tels* dans les conditions de la capitulation, mais comme des personnes à ma suite (1).

Après avoir réfléchi et consulté l'état de la place, et la triste position où nous nous trouvions, les Représentans et moi, nous jugeâmes qu'il était temps de capituler, pour éviter les plus grands malheurs qui menaçaient les habitans et la garnison, la place étant ouverte aux trois brèches. Nous étions cependant parvenus à repousser quatre fois l'ennemi dans les attaques qu'il fit des chemins couverts, dans les nuits des 22, 23, 24, et du 25 au 26 juillet 1793, pour entreprendre l'assaut à quelque brèche. Nous avions perdu cinq cent cinquante hommes; près de quatre mille habitans avoient péri, tant par l'effet de la bombe que par l'écroulement de leurs maisons ou par la maladie épidémique qui provenait du mauvais air des souterrains où ils s'étaient réfugiés. Nous avions deux mille

---

(1) J'appris, par nos trois commissaires militaires, que le duc d'Yorck avait été informé, par des *bulletins* lancés avec des fusées, de tout ce qui s'était passé dans la place pendant le siége. Ce prince dit aux commissaires, que dans les deux derniers jours du siége il avait été instruit, d'heure en heure, de tout ce que nous avions fait. Il ne dit point les noms des auteurs de ces bulletins.

cinq cent hommes hors d'état de servir, blessés ou atteints d'une maladie contagieuse qui s'était introduite parmi eux vers la fin du siége; en sorte que la garnison disponible étoit très-faible; je ne pouvais faire usage que du tiers de l'artillerie, le reste ayant été mis hors de service. (1)

La capitulation fut signée le 28 Juillet au matin. J'avais demandé à rester six jours dans la place après les signatures des *conventions réciproques*; cette demande parut étonnante; mais elle était fondée sur l'espoir que pendant ce délai il pouvait arriver assez de renfort à l'armée du camp de César pour forcer l'ennemi à lever précipitamment le siége, supposant néammoins qu'elle ignorât notre capitulation.

Le premier août, au matin, nous évacuâmes la place dans le plus grand ordre: (2) le même jour l'ennemi entra dans Valenciennes; nous

---

(1) J'avais fait scier *des canons* dont les bouches avaient été beaucoup altérées; quoique très-courts ils purent nous servir lorsque les ouvrages de l'ennemi furent approchés du chemin couvert.

(2) *Contre le droit des gens*, et le neuvième article de la capitulation, permettant que les représentans du peuple, *comme bourgeois*, sortiraient de la place avec la garnison, le député Briez fut arrêté, au sortir de la barrière, par les troupes Impériales. Je le réclamai de suite au duc d'Yorck et au prince de Cobourg, qui ordonnèrent qu'il me fût rendu sur-le-champ.

nous rendîmes à Avesnes-le-Sec. (1) Le camp de l'armée française n'était pas éloigné de ce village. Après avoir établi mes troupes dans le quartier destiné pour y passer la nuit, je me rendis au quartier-général, à Cambray, où je trouvai l'ordre du ministre de la guerre d'arriver promptement à Paris, et d'apporter tous les papiers relatifs au siége de Valenciennes. Le 2 août ma garnison s'étant rendue à Cambray, trouva les ordres pour de nouvelles destinations; partie fut à la Vendée, partie au siége de Lyon.

A mon arrivée à Paris, le 6 août, je déposai aussitôt, entre les mains du Ministre de la guerre Bouchotte, tous les papiers que j'avais pu conserver et préserver de l'incendie de ma maison, qui fut presque détruite par les bombes et les boulets rouges. Le lendemain, 7, j'appris avec beaucoup de peine que mon aide-de-camp Lavignette, à qui j'avais permis de venir à Paris avant moi, avait été arrêté chez son père, et incarcéré à l'Abbaye pendant huit jours,

---

(1) D'après le contenu de mes proclamations, que l'ennemi avait appelé des libelles, je devais m'attendre, en défilant devant l'armée combinée, à quelque marque de ressentiment; mais, au contraire, à mon passage devant le duc d'Yorck et le prince de Cobourg, ils m'assurèrent voir avec intérêt les braves qu'ils avaient eu à combattre pendant si long-temps, malgré leurs intelligences dans la place. Persuadé d'avoir fait mon devoir, cet aveu fut bien flatteur pour moi.

3 *

sans *savoir pourquoi*; il fut envoyé de suite au siége de Lyon, où se rendait une partie de ma garnison. Jusqu'au 14 même mois, je sollicitai auprès du comité de salut-public un prompt rapport du siége à la Convention nationale. Le Ministre de la guerre me fit espérer que le comité allait s'en occuper. Un des membres dudit comité vint me donner audience. Il me fit beaucoup de questions relatives à la defense de Valenciennes, et me dit: « on verra. » Je vis en effet avec une surprise extrême que le 15 au matin l'on vint m'arrêter, et l'on me conduisit dans la prison de l'Abbaye S.-Germain-des-Prés, où je restai jusqu'au 30.

La Convention nationale, eu égard à mes longs services et à ma conduite civile et militaire, m'ayant fait sortir de prison le 30 août, me fit mettre en arrestation chez moi, sous la garde de deux gendarmes, payés à mes frais, et jusqu'à ce que le rapport de ce siége fut fait à la Convention nationale par le comité de salut-public. Robespierre, président de ce comité, s'y *opposa* toujours; il *pressentait* sans doute qu'en publiant la conduite héroïque de ma garnison et des habitans de cette ville infortunée qui s'étaient voués avec moi à sa défense, il eût dévoilé la faute qu'il avait commise de n'avoir pas fait connaître à la Convention la position de Valenciennes, et l'urgence des secours dont cette place avait besoin. Je n'ai jamais pu croire que le comité de salut-public ignorât la faiblesse de l'armée du Nord à l'époque du blocus de Valenciennes. Avec des renforts cette armée aurait pu entreprendre de faire lever le siége ; mais n'étant forte que de 40,000 hommes, ne pouvait-elle pas craindre d'attaquer une armée assiégeante de cent quarante mille combattans. Le ministre Bouchotte avait dû se faire rendre compte des motifs qui avaient forcé les généraux Custines et Kilmaine à laisser la place de Valenciennes abandonnée à ses propres forces et manquant d'approvisionnemens. Cependant le prince de Cobourg et le duc d'Yorck *ont convenu* que notre résistance leur avait fait manquer une partie de la campagne. L'armée ennemie avait perdu pendant le siége au moins vingt-cinq mille hommes ; elle avait été obligée de ralentir ses projets d'envahissement, afin de rétablir les pertes qu'elle avait faites pendant les trois mois qu'elle assiégea et détruisit la ville ; et je puis dire que si j'eusse capitulé, même après l'incendie de l'arsenal, cinquième jour du bombardement, l'ennemi eut pénétré facilement dans l'intérieur de la république, et achevé sa campagne comme il le désirait. J'ai donc été utile à ma patrie, et pour récompense, alors je fus privé de ma liberté *pendant un an.*

## OBSERVATIONS.

J'ai lu le rapport des représentans du peuple Charles *Cochon* et *Briez*, et celui du général Dembarère y annexé; ils m'ont paru exacts : mais pour satisfaire tous les témoins de ce mémorable siége, qui est un tissu *d'événemens journaliers*, et de détails plus ou moins intéressans, il m'aurait fallu necéssairement mon journal, qui ne m'a jamais été rendu.

Je suis loin de m'attribuer seul une telle défense. Malgré mon zèle, mon expérience, et mes connaissances dans la partie de la défense des places, il est constant que je n'aurais pu y parvenir, si je n'eusse été secondé par les généraux et officiers supérieurs Boilaud, Richon, Tholozé, Dembarère, Beauregard, Batin, Lecomte, Lebrun, Gambin, Leféron, Fieffée, Boussin, Villemalet, L'Echelle, Mongenot, et par tous les braves de toutes armes dont je voudrais pouvoir citer les noms, et notamment par l'artillerie, qui, dès les premiers jours de juillet, avait mis hors de service une grande partie des bouches à feu de l'assiégeant, et incendié plusieurs de ses magasins à poudre (1).

La prise de Condé, qui eut lieu le 17 juillet,

---

(1) Je dois beaucoup au zèle infatigable de MM. Mongenot, commandant de la place; Boussin, major de siége; et Fieffée, chef de bataillon, commandant en second de

fut aussi utile à l'armée de siége que funeste à ma garnison : outre une quantité considérable de munitions, l'ennemi trouva dans Condé beaucoup de canons, de mortiers et obusiers, dont il se servit pour foudroyer Valenciennes. Dans les commencemens du siége, la garnison n'avait de repos qu'une nuit sur cinq. Dès les premiers jours du bombardement les casernes furent écrasées, les souterrains et les casemates avaient été généreusement cédés aux vieillards, femmes et enfans, en sorte que la troupe prenait son repos dans les rues, sur le rempart et l'esplanade.

Quant aux officiers du génie, je n'avais pas l'honneur de connaître M. Tholozé, chef de brigade, et M. Dembarère, capitaine à l'époque du siége. Attaqué par une armée formidable, voulant en imposer à un ennemi puissant et acharné, et surtout au général *Ferrari* qui commandait l'*attaque* du siége, je me servis de moyens nouveaux pour pousser loin la défense de la place qui m'était confiée. Connaissant parfaitement la place, et toute la responsabilité tombant sur moi, je me décidai de suite à élever au grade de général de brigade, MM. Tholosé et Dembarère, et leur annonçai

---

la place. Ces trois officiers supérieurs m'ont été très-utiles, par leur fermeté à maintenir par-tout le bon ordre et la discipline.

en même temps qu'ils serviraient en ligne, alternativement, comme les autres généraux. Je m'applaudis souvent du parti que j'avais pris à l'égard de ces deux officiers ; pendant tout le siége ils ont servi d'une manière bien distinguée : j'aime à leur donner ici la part de gloire qui leur est due.

J'ai aussi à me louer du choix de mes aides-de-camp Moraux et Lavignette, tous deux jeunes et infatigables ; le premier, actuellement conseiller de préfecture du département de la Meuse-Inférieure ; le second, employé au ministère de la guerre. Jour et nuit exposés au plus grand danger, ils m'ont été fort utiles par leur activité, leur intelligence et leur bravoure. Je leur avais donnés deux adjoints, habitans de Valenciennes, nommés Delamme et Duquesne, dont j'ai été très-content. (1) Ayant besoin d'un homme ferme et intelligent pour surveiller les boulangers et la partie des écluses et des moulins, je fis choix du sieur Decoq, habitant de Termonde en Brabant ; il s'acquitta *gratuitement* de cette mission jusqu'à la fin du siége, et ce service marcha bien.

Ce n'est qu'avec beaucoup d'or que l'ennemi a pu se ménager des intelligences dans la place,

---

(1) M. Duquesne s'est acquitté avec intelligence du soin de faire masquer, avec du fumier, les portes et poternes de la place.

et payer les traîtres qui lancèrent presque tous les soirs des fusées pour l'instruire de ce qui se passait ; et certainement il n'a pu séduire que les réfugiés, et une partie des soldats du camp de Famars qui s'étaient jetés dans Valenciennes. Sans ce ramas de lâches, la fatale nuit du 25 au 26 juillet n'aurait pas eu lieu. Vers la fin du siége on plaçait, pour la garde et la défense des ouvrages extérieurs et du front d'attaque, des piquets pris sur toute la garnison. L'inégalité des bataillons m'avait déterminé à établir ce nouvel ordre de service. Il parait que dans cette nuit les troupes de service étaient composées d'une partie de ces fuyards, que j'avais incorporés au commencement du blocus. Moins braves, moins attachés à leur pays et à leur devoir, ils étaient plus susceptibles de se laisser corrompre, et je suis fondé à le croire d'après l'aveu d'un sergent d'entre eux fusillé pour cause de trahison, par jugement du conseil de guerre. Au moment de son supplice il déclara à son confesseur qu'il avait trahi sa patrie, et reçu de l'argent de l'ennemi pour enclouer les pièces d'artillerie du front d'attaque, et pour ne pas tirer à balles lorsqu'il serait de garde aux ouvrages avancés.

Quelques jours après un jeune volontaire, blessé à mort, m'ayant fait appeler, me fit le même aveu, en me prévenant que j'étais trahi par une partie des soldats et par tous les réfugiés dans la place. Quelques recherches que j'aie pu faire, je n'ai pu découvrir les auteurs principaux de cet infâme complot.

Si tous les assiégés eussent pris unanimement les intérêts de la patrie; si l'on m'eût donné une garnison de seize mille hommes au lieu de dix mille; si la place eût été mieux approvisionnée; si les ouvrages de la fortification, du côté du front d'attaque, eussent été achevés, je pense que l'ennemi ne nous aurait jamais forcé à capituler.

Je ne dois pas oublier les grenadiers de la garde sédentaire de Valenciennes, qui ont fait avec beaucoup de zèle le service dans l'intérieur de la place. Deux de ces grenadiers, nommés Cousin et Dénoyer, sauvèrent, par leur courage, la vie aux deux députés Briez et Cochon, qui furent assaillis dans la nuit du 30 au 31 juillet, par des forcenés inconnus qui voulaient les assassiner. Il y avait en outre quatre cents hommes de ladite garde employés pendant le siége : leur service journalier était dirigé par le commandant Lapare, sous les ordres de M. *Déchevraud*, commandant en chef la garde nationale. Lorsque la garnison évacua la place, M. Lapare abandonna son domicile, avec d'autres habitans; il fut mis en subsistance dans le premier bataillon de Loir-et-Cher, et partit avec ses camarades pour le siége de Lyon.

Je me rappelle avec intérêt les services de M. Dubois-Durabo, ancien maire de St-Amand; ce brave et loyal fonctionnaire m'a été fort utile dès ce moment jusqu'à la fin du siége, ainsi qu'en septembre 1792, à la prise de St-Amand, que j'enlevai aux Impériaux, par ordre du général Moreton. Je n'avais que quinze cents hommes de toutes armes; le général ennemi avait dix mille hommes au camp de Maulde, et se disposait à nous envelopper. Nous dûmes notre salut au zèle et aux avis toujours sûrs et opportuns de M. le maire Dubois-Durabo. J'eus le temps de me replier sur Valenciennes avec toute mon artillerie, et j'emmenai les prisonniers que j'avais fait en m'emparant de St-Amand.

Je ne puis aussi donner que des éloges au zèle et à la fermeté des deux détachemens de troupes à cheval; l'un du 24$^e$. régiment de cavalerie, et l'autre des dragons de la république.

*Je me résume*, en assurant aux généraux, officiers, soldats de toutes armes et aux habitans de Valenciennes qui ont fait les plus grands efforts pour conserver cette place à la république, que je m'estime heureux d'avoir, presque à la fin de ma carrière militaire, fait avec eux une défense aussi longue, suivie d'une glorieuse capitulation. Guerriers intrépides, braves habitans, qui m'avez secondé, j'ai partagé vos fatigues et vos privations ; nous avons fait notre devoir ; il faut oublier toutes nos peines ; nous en sommes bien dédommagés par le plaisir et la satisfaction de vivre aujourd'hui tranquilles et heureux sous le siècle de Napoléon I$^{er}$. le plus illustre des empereurs, dont les vertus bienfaisantes excitent l'admiration générale, et effacent le souvenir de toutes les calamités.

Puissent les détails véridiques de ce précis, intéresser Sa Majesté Impériale, et attirer ses regards et ses bienfaits sur les défenseurs et sur les habitans de Valenciennes.

*Le général de divison en retraite, membre de la légion d'honneur.* J. H. BÉCAYS-FERRAND.

# GARNISON DE VALENCIENNES

PENDANT LE SIÉGE.

|  | Bataillons. |
|---|---|
| 29ᵉ. régiment, ci-devant Dauphin, | 2 |
| 75ᵉ. régiment, ci-dev. Royal-Comtois, | 1 |
| 87ᵉ. régiment, ci-devant Dillon, | 1 |
| 1ᵉʳ. bataillon de la Côte-d'Or, | 1 |
| 1ᵉʳ. bataillon de Loir-et-Cher, | 1 |
| 1ᵉʳ. bataillon de la Charente, | 1 |
| 1ᵉʳ. bataillon des grenadiers de Paris, | 1 |
| 1ᵉʳ. bataillon de Mayenne-et-Loire, | 1 |
| 2ᵉ. bataillon de l'Eure, | 1 |
| 1ᵉʳ. bataillon des Deux-Sèvres, | 1 |
| 1ᵉʳ. bataillon de la Meurthe, | 1 |
| 4ᵉ. bataillon des Ardennes, | 1 |
| 1ᵉʳ. bataillon de la Seine-Inférieure, | 1 |
| Les grenadiers de la Côte-d'Or, | 1 |
| 1ᵉʳ. bataillon des Gravilliers, | 1 |
| 2ᵉ. bat. permanent de Valenciennes, | 1 |
| Total, | 17 bat. |

Ces dix-sept bataillons composèrent au commencement du siége sept mille neuf cents hommes, ci. . . . . . . . . . . . . . . 7,900

Deux détachemens de cavalerie du 24ᵉ. régiment, et du 25ᵉ. ci-devant

*D'autre part* . . . . . . . . . . . . . . 7,900
dragons de la république, formant trois cents hommes, ci. . . . . . . . . . . . . . 300

Un détachement d'artillerie du 3ᵉ. régiment;

Un détachement d'artillerie du 6ᵉ. régiment;

Quatre compagnies de canonniers formées par les habitans de Valenciennes;

Une compagnie de canonniers formée par les habitans de Douay.

Huit compagnies d'artillerie parisiennes, commandées par MM. les capitaines Suard, Langlade, Prélat, Laurent, Dugourd et Legendre;

Ces détachemens et ces compagnies formaient huit cents hommes, ci. . . . 800

Total. . . . . . 9,000

N°. Iᵉʳ.

*Proclamation des représentans du peuple Lequinio, Bellegarde et Charles Cochon, adressée, le 3 avril, à l'armée de Dumouriez.*

Elle m'a été prise avec d'autres papiers; je me rappelle seulement que lorsque ces députés l'envoyèrent aux régimens et bataillons de l'armée du Nord, la trahison allait livrer les troupes au prince de Cobourg, *et que l'éner-*

gie de cette proclamation retint sous les drapeaux les braves militaires qu'on avait égarés. La majeure partie de l'armée se rendit aux environs de Valenciennes.

## N°. II.

*Proclamation que j'adressai à la garnison de Valenciennes et aux troupes à mes ordres, cantonnées dans les environs de cette place.*

Citoyens républicains, mes camarades d'armes, nous sommes tous égaux en droits aux yeux de la loi; mais cette même loi a établi des grades différens dans l'armée où la subordination et l'obéissance doivent être observées sans relâche : la Nation française ne peut espérer d'avoir des armées invincibles, qu'autant que les lois militaires seront suivies ponctuellement.

Celui qui commande à ses camarades doit toujours le faire conformément à la loi ; s'il abuse de son autorité, la loi rendra justice au subordonné.

Je vous réitère que je conserve une satisfaction qui a comblé mon ame de reconnaissance, pour avoir eu l'avantage, pendant plus de 48 ans que je sers la patrie, d'avoir été obéi d'une manière qui a peu d'exemples ; aussi, dois-je les succès que j'ai eus, soit dans les camps, soit dans les places, à cette honnête déférence qu'ont eu pour moi mes braves camarades d'armes. J'ose espérer que dans cette circonstance, où il s'agit de conquérir sa liberté, vous me continuerez cette marque de confiance. Songez qu'il est une seule mesure pour bien servir sa patrie, et rendre à la république tous les services qu'elle attend de nous, c'est un entier dévouement à la chose publique, et qui ne peut exister parmi les militaires qu'en vertu d'une subordination exemplaire ; elle seule peut rendre le vrai Français fidèle à son devoir : en conséquence, nous nous soumettons d'observer scrupuleusement le réglement qui suit :

ARTICLE PREMIER.

Tout militaire faisant partie de la garnison de Valenciennes et des cantonnemens circonvoisins, qui sera trouvé *ivre*, sera puni très-sévèrement.

ART. II.

Tout militaire qui tirera son fusil dans son logement ou dans son camp, sera puni exemplairement ; les armes devront être déchargées avec un *tire-bourre*.

ART. III.

Je pense qu'il n'est pas besoin de prononcer des peines pour l'article concernant les trahisons. Si quelques militaires s'apperçoivent de manéges

manéges contre la patrie, et qu'ils en arrêtent les auteurs, ils auront soin de ne pas se faire justice eux-mêmes, mais de livrer les traîtres à la rigueur des lois ; dans le cas contraire, ce serait une violation de l'ordre social.

Ce sont, mes chers camarades, les sentimens d'un de vos frères d'armes, qui a blanchi dans les camps en combattant les ennemis de l'état ; son sang a souvent coulé pour son pays ; il se propose encore de le répandre en vous conduisant à la victoire. Je vous déclare que j'y abhorre tous les traîtres, et ne reconnais pour autorité suprême légitimement représentative du Peuple français que la Convention nationale, et je défends à tous mes subordonnés, en exécution de l'ordre qui m'a été transmis, d'obéir désormais au ci-devant général Dumourier qui vient d'être suspendu de ses fonctions par les commissaires de la Convention nationale.

*Vive la République ! etc.*

N°. III.

*Lettre de Frédéric, duc d'Yorck, commandant l'armée combinée du siége de Valenciennes, au général Bécays-Ferrand, commandant de la Place.*

Le 14 juin 1793, à 4 heures du soir.

Monsieur,

Avant de commencer un siége meurtrier et destructif, je viens vous sommer de rendre à sa

Majesté l'Empereur la place où vous commandez, et vous offre une capitulation qui sauvera l'honneur, la vie et les propriétés de la garnison et des habitans. L'alternative en sera terrible; je vous invite très-sérieusement, Monsieur, à balancer deux partis, dont l'un serait la conservation et la protection, l'autre la ruine irrémédiable de toutes les possessions dans cette ville. Puissiez-vous répondre à ma proposition par le même esprit d'humanité qui me l'a dictée.

*De la tranchée devant Valenciennes*;
*Signé* FRÉDÉRIC, duc d'Yorck.

N°. IV.

*Réponse du général J. H. B. Ferrand, commandant en chef la place de Valenciennes, à Frédéric duc d'Yorck, le même jour, à cinq heures.*

J'ai reçu la lettre que vous m'avez fait l'honneur de m'écrire, où vous me faites une sommation de rendre la place que j'ai l'honneur de commander au nom de la République française; il m'est fort aisé de vous faire parvenir promptement ma réponse; vous voudrez bien en juger par le serment que j'ai renouvelé avec ma garnison et les habitans.

*Signé* J. H. B. FERRAND. (1)

___

(1) *Voyez* 4 *bis*, 4 *ter*, à la fin.

N.° V.

*Proclamation du général J. H. B. Ferrand, à tous les citoyens de Valenciennes, le 21 juin 1793.*

Citoyens,

Le conseil de la commune m'a rendu compte des représentations que plusieurs citoyens lui ont faites relativement à la malheureuse situation qu'ils éprouvent.

Comme vous, chers concitoyens, je suis sensible à ce malheureux événement; j'en verse même des larmes; mais je ne peux envisager que mon devoir envers la patrie. La loi me prescrit, sous peine de mort, de ne pas abandonner la défense des remparts jusqu'au terme qu'elle indique. Voudriez-vous qu'après avoir rempli jusqu'ici ma carrière avec honneur, je trahisse la nation, et que j'aille porter ma tête sur l'échaffaud ? non, je ne serai jamais traître à la patrie, et je mourrai à mon poste glorieusement.

Songez, citoyens, que la ville de Valenciennes appartient à la République ; elle est une des principales clefs de la France; voudriez-vous que je trahisse la nation entière, qui se repose sur la force de cette place, et qui vraisemblablement fait marcher une armée considérable pour venir à notre secours ? On sait que la place ne peut résister qu'un certain temps, après lequel une résistance prolongée ne pourrait résulter que des mesures extraordinaires, qui ne seraient dues qu'au courage de la brave garnison, au généreux dévouement des habitans pour leur patrie, et au zèle infatigable que j'ai voué à la République.

Vous voyez la barbare férocité avec laquelle les ennemis de la République bombardent et brûlent vos maisons : vous courriez à un malheur bien plus grand si ces hommes cruels et sanguinaires pouvaient jamais entrer dans nos murs. Vous savez les atrocités qu'ils ont commises dans les campagnes, où des maisons brûlées, des femmes et filles violées, des enfans égorgés même au berceau et à la mamelle, présentent le tableau le plus horrible; le même sort vous arriverait; mais ce n'est pas tout encore: les Anglais tireraient de vous la vengeance la plus terrible, ils puniraient votre faiblesse en faisant raser la ville entière, au lieu qu'il vous est assuré des indemnités ; vos maisons seront reconstruites aux dépens de la nation, vos pertes vous seront payées en entier ; persuadez-vous bien que la patrie, dans cette circonstance, regarde la ville de Valenciennes comme une des citadelles de la République, et que tous les désastres qu'elle supporte en empêchant les progrès de l'ennemi, intéressent vivement la grande famille. En outre, les blessés et les familles de ceux qui auraient eu le malheur de périr, seront toujours les enfans de la patrie, et auront droit à des pensions. Les représentans du peuple Briez et Charles Cochon viennent de mettre à la disposition du conseil général de la commune une somme de *cent mille francs* pour donner les premiers soins, en attendant que les pertes puissent être constatées et liquidées. Reposez-vous donc sur la providence pour les moyens de délivrance que nous attendons chaque jour ; croyez-vous que ma brave garnison trahisse jamais, non plus que moi, le serment que nous avons fait d'être fidèles à la loi et à la nation.

Citoyens, je vous conjure de vous reposer entièrement sur mes soins: vous pouvez disposer de ma vie, mais jamais de mon devoir.

Je vais m'occuper de moyens pour donner des asiles à toutes les femmes, enfans et vieillards. Rendez donc justice à ma conduite ; méfiez-vous de tous ceux qui voudraient parler de capituler avec l'ennemi avant le temps prescrit par la loi. Voudriez-vous exposer votre magistrat, vos époux, vos peres, vos enfans, à une mort certaine et honteuse, si par un mouvement de compassion que la loi leur interdit ils se portaient à des actes de faiblesse ; je vous exhorte donc à prendre en considération toutes mes observations, je vous prie surtout de maintenir le calme et la tranquillité ; car si je voyais le moindre trouble, le moindre rassemblement, ou quelqu'acte défendu par la loi, je ne pourrais plus me dispenser de faire mon devoir, et d'user de la plus grande rigueur, quoiqu'il en coûte à mon cœur et à mon affection pour vous tous.

Signé J. H. B. FERRAND.

## N.° VI.

*Seconde sommation de Frédéric duc d'Yorck, au général Ferrand, le 26 juillet ;*

Le désir de retrancher autant que possible des malheurs irrémédiables qu'entraîne une résistance inutile, m'avait dicté la proposition que je vous ai faite le 14 juin dernier; vous ne l'avez pas écoutée, soit que vous crussiez être en état de faire face à la manière dont vous seriez attaqué, soit que vous vous flattassiez d'être secourus.

Mais aujourd'hui qu'il semble que cette double erreur doit être détruite, le même amour d'humanité vient vous offrir une capitulation qui sauverait votre honneur avec ce qui reste de propriétés aux malheureuses victimes de votre obstination.

Voulez-vous arracher aux nécessités de la guerre la destruction complète de cette belle ville, ou voulez vous conserver ce qui a échappé jusqu'à présent. Je dois vous dire, en gémissant sur les horribles suites d'une opiniâtreté qui n'a plus de terminaison, ni politique, ni militaire. Votre réponse va prononcer irrévocablement le sort de Valenciennes; après ce jour vous ne serez plus admis à capituler; je n'écouterai aucune proposition, et la ville étant prise d'assaut, vous ne savez que trop quelles en sont les suites terribles.

*Signé* FRÉDÉRIC, duc d'Yorck.

## N.° VII.

*Lettre du duc d'Yorck à la municipalité de Valenciennes, le 26 juillet.*

Je vous envoie copie de ce que j'écris au commandant de votre ville, en vous prévenant qu'il va vous exposer à un traitement horrible s'il refuse cette fois d'accepter l'offre d'une capitulation qui sauvera l'honneur de la garnison, et le reste de vos propriétés; vous devez ce traitement à une opiniâtreté bien mal vue dans la circonstance où il ne vous échappera pas qu'il ne peut vous défendre ni être secouru. Sa proclamation du 21 juin est un *libelle* contre les armées qui sont devant vos murs. La réputation de ces armées, braves et disciplinées, ne peut être tachée par de pareilles calomnies : mais craignez la vengeance d'un soldat irrité par de pareils écrits. Le chef le plus humain ne pourrait vous y soustraire, si vous en laissiez venir à ces extrémités; gardez-vous des insinuations qui sacrifient tout ce que vous possédez à l'intérêt d'un seul, et que ceux d'entre vous qui peuvent et veulent le bien, écartent vîte, par une délibération sage, la dévastation et le carnage qui suivraient une résistance prolongée infructueusement de quelques jours. Si votre commandant ne capitule pas aujourd'hui, demain il ne sera plus admis : si votre ville est prise d'assaut, elle sera pillée, et rien ne pourra empêcher que les soldats et les bourgeois ne soient massacrés; puisse cet exemple terrible que j'aurais voulu vous éviter, influer sur les autres villes, et donner assez d'énergie aux bons habitans pour les soustraire au sort qu'une impardonnable mollesse leur fait partager dans la vôtre avec les méchans.

*Signé* FREDÉRIC, duc d'Yorck.

## N°. VIII.

*Représentation du conseil général de la commune de Valenciennes au général Ferrand, commandant en chef dans la place.*

Le 26 juillet 1793.

Personne n'ignore les sacrifices que cette ville vient de faire : la plus grande partie des propriétés détruite; un grand nombre d'habitans écrasés sous les ruines des maisons ou tués par le fer de l'ennemi; presque toutes les femmes et les enfans ensevelis dans les souterrains, y respirent un air fétide, dont la malignité se propage, et les conduit à la langueur et à l'anéantissement, dont quantité se trouve déjà victime de cette maladie, par le défaut de médicamens, de médecins et chirurgiens dont la plupart sont morts malades ou blessés.

La désolation des campagnes environnant cette cité, réunie à tant de maux intérieurs, fait penser au conseil général de cette commune qu'il a acquis le droit de représenter au général Ferrand, commandant de cette place, que depuis quatre-vingt-sept jours, c'est-à-dire, depuis le 1$^{er}$. mai, elle est assiégée; qu'elle est bombardée depuis quarante-trois jours et quarante-trois nuits sans relâche; que néanmoins, depuis cette époque, notre armée ne s'est point présentée à notre vue; cependant la résistance présumable d'une place telle que celle-ci, quand elle est assiégée, est connue du Conseil exécutif de la République et des généraux de nos armées. — Nous ne pouvons nous dissimuler que notre armée a tenté trois fois, sans succès, de secourir Condé; que cette place a dû succomber; et qu'au moment où nous avions le plus besoin de sa présence, cette armée a abandonné, presque sans résistance, la position qui empêchait l'ennemi de nous attaquer. On observe que cette armée est partie du camp de Famars, moins forte de vingt-trois mille hommes que lorsqu'elle a tenté de secourir Condé.

Les obligations de la République envers nos concitoyens, et de nos concitoyens envers la République sont réciproques; la République, au contraire, peut-être, par des raisons majeures, et pour ne pas compromettre le sort de son armée, n'est venue aucunement à notre secours; et par là, elle est censée nous abandonner à nous-mêmes, et à la première de toutes les lois, celle de la nature, qui nous commande impérieusement le soin de notre conservation.

Après une résistance si opiniâtre, et telle que l'histoire ne montre pas d'exemple, pourquoi, lorsqu'ils en est temps aujourd'hui, ne pas conserver l'honneur et la vie de la garnison par une capitulation honorable qui nous est offerte par le général de l'armée combinée; il n'y aura point, plus tard, de motif suffisant à présenter à l'ennemi, pour le déterminer à renoncer à prendre la ville à discrétion, lorsque, si l'on peut se servir de cette expression, il nous tiendra au collet; comment alors, le général pourra-t-il, malgré son désir, remplir la promesse solennelle consignée dans la proclamation de l'arrêté du conseil de guerre du 2 juillet, par laquelle il s'engage à ne pas compromettre la vie des habitans et de la garnison, et surtout après ce qui s'est passé cette nuit?

Comme toute défense doit avoir un but utile,

d'après les considérations ci-dessus, et d'après la sommation adressée particulièrement à la municipalité par Frédéric duc d'Yorck, le conseil général est convaincu que, quelques jours de plus, d'une résistance inutilement prolongée, entraineraient dans une perte inévitable une grande cité, une multitude de citoyens qui ont déjà tant souffert, et une partie considérable de l'armée de la République, sans utilité pour elle.

Général, vous devez être assez fier d'une résistance telle, qu'aucune ville assiégée et bombardée tout-à-la-fois d'une manière si terrible, que l'histoire n'en montre pas d'exemple, pour croire avoir déjà éminemment rempli votre devoir et mérité un témoignage honorable de la Nation.

Ont signé, *Benoit l'aîné*, *Portalès*, maire; *Remi Pillion*, *Lauen* fils, *Ravestin* fils, *Doille*, *Scribe*, *Malé-Dufrenoy*, *Joseph Verdavesne*, *Feraux*, *Ravestin* père, *Brabant*, *Hamoir*, procureur de la commune; *Wattecamp*, secrétaire; *Prévost-Hérant*, *Hourez*, *Holande*, *de la Haye*, *Mortier*.

Ces représentations ayant été lues à tous les citoyens assemblés, la municipalité les engagea à nommer onze députés pour les signer, et ont signé, savoir: *Perdrix* cadet, *Flori* fils, *Bécart*, *Lussigny*, *Dernesne*, *Vanier*, *J.-B.*

Henry, *Dusquène*, *Henry de Ravay*, *Chefdeville* et *Rhoné Dathis*

A Valenciennes, le 26 juillet 1793.

*Signé* MORTIER, *secrétaire greffier*.

N°. V I I I *bis*.

Vû le découragement et la rébellion des personnes réfugiées dans la place, et des soldats fuyards qui avaient abandonné leur corps lors de la levée du camp de Famars (23 mai), je fus contraint d'assembler aussitôt le conseil de guerre général, et après que nous eûmes mûrement pesé les considérations détaillées ci-dessus, il en résulta les vingt-cinq articles pour la capitulation.

L'an 1793, II$^e$. année de la République française, le 27 juillet, le conseil de guerre assemblé extraordinairement pour délibérer sur la situation de la place de Valenciennes, *considérant;*

1°. Que le siége et le bombardement de cette place qui ont eu lieu sans interruption depuis le 14 du mois de juin dernier d'une manière dont l'histoire n'offre pas d'exemple, ont réduit cette ville dans l'état le plus déplorable, que la moitié des bâtimens sont écrasés, l'autre moitié est fort endommagée.

2°. Que le nombre de victimes encombrées, écrasées sous les débris, ainsi que tous les citoyens qui ont été frappés des bombes et des boulets, présente également le spectacle le plus déchirant.

3°. Qu'il n'existe plus d'asyles pour réfugier les vieillards, les femmes, les enfans et la garnison ; la maladie épidémique s'y étant manifestée, et cette maladie exerçant les plus cruels ravages dans toute la ville.

4°. Que l'hôpital-général, dont les emplacemens paraissent les plus à l'abri, sont criblés de bombes et de boulets, au point que le local destiné au logement des soldats malades n'est plus habitable.

5°. Qu'il n'existe plus aucun autre emplacement pour les malades ; plusieurs des chirurgiens ont été tués et écrasés, que les autres sont attaqués de maladies, et qu'il n'y a plus aucun moyen de pourvoir au soin des malades.

6°. Que les malheurs du peuple sont à leur comble, et que c'est au milieu des cris, des douleurs et des gémissemens de tous les infortunés, que le conseil-général de la commune, d'après la nouvelle menace de Frédéric d'Yorck, a présenté le vœu de ses concitoyens pour la capitulation, vœu qui a été soutenu et appuyé par une multitude de citoyens présens, et par onze députés que la commune a choisi en conformité de la loi.

7°. Que l'incendie de l'arsenal, la consommation de la plus grande partie des munitions, et la circonstance qu'un grand nombre de bouches à feu sont hors de service, ne laissent plus de ressources certaines.

8°. Que la garnison est diminuée de moitié, tant par mort que par maladies et blessés; que le reste est exténué de fatigues, ayant à peine une nuit sur cinq.

9°. Que le 25 de ce mois, vers dix heures du soir, l'ennemi ayant fait sauter nos mines, s'est emparé des chemins couverts et de l'ouvrage avancé; qu'il en est résulté de grandes pertes, et que les soldats n'ont pu tenir leur poste, que ceux qu'on y a renvoyé ensuite en sont revenus aussi pêle-mêle aux deux poternes, au point que l'ennemi a failli entrer par les poternes par force majeure (1).

10°. Qu'il est constaté que la place ne peut tenir plus de six jours, en supposant même que ce qui reste de garnison, accablé et harassé de fatigue, puisse apporter la résistance convenable, dans la circonstance surtout

---

(1) C'est par erreur que le conseil de guerre et les autorités constituées avaient annoncé que nos mines avaient sauté la nuit du 25 au 26 juillet.

Après la capitulation, on s'est assuré qu'il n'y avait eu que l'explosion de trois fourneaux de mines que l'ennemi avait faits sur le saillant de l'ouvrage à corne de Mons; ces trois fourneaux étaient, à la vérité, très-près de nos mines qui étaient, dans cette partie, dénuées de galeries d'écoute. Nous en faisions faire, tant pour cet objet que pour éventer les fourneaux de l'assiégant; néanmoins, lors de l'explosion desdits fourneaux, nos mineurs périrent dans des galeries voisines.

qu'on pourrait monter à l'assaut de deux côtés.

11°. Que la brèche est déjà faite, et que les six jours que la place peut encore tenir ne sont pas à mettre en balance avec les inconvéniens cruels qui résulteraient d'un pillage et d'un massacre universel.

12°. Que le conseil de guerre s'est solennellement engagé envers les citoyens, par son arrêté du 2 de ce mois, de sauver la vie, l'honneur et les propriétés de tous les habitans.

13°. Considérant aussi qu'il n'y a aucune certitude, ni même l'espoir bien fondé d'avoir du secours dans un si court intervalle, après avoir attendu inutilement l'espace de plus de six semaines, et sans que depuis la première époque du *blocus* l'on ait jamais reçu aucune nouvelle de l'intérieur, directement ou indirectement, outre la crainte que la garnison ne puisse plus tenir à de nouvelles fatigues.

14.° Que déjà les troupes envoyées, le 26 à midi et le 27 au matin, aux avant-postes du front d'attaque, les ont abandonnés, parce que ceux de la garnison envoyés à ce poste avaient déjà perdu leur énergie, ce qui ne peut provenir que de la grande fatigue et de l'affaiblissement qu'ils éprouvent. Que les officiers-généraux qui commandaient ces avant-postes n'ont jamais pu les contenir.

15°. Qu'aujourd'hui, après ce refus, plusieurs soldats se sont portés au pillage du magasin des effets militaires, ce qui ajoute l'indiscipline à l'insubordination et à tous les autres effets de découragement.

Mû par toutes ces considérations, et déterminé principalement et uniquement par la demande formelle et fortement exprimée de tous les habitans de la commune,

Le conseil de guerre a arrêté et arrête de proposer la capitulation suivante :

ARTICLES

| ARTICLES | RÉPONSES. |
|---|---|
| DE CAPITULATION | |
| *Proposés par le général de division* FERRAND, *commandant les troupes de la République Française à Valenciennes.* | *Le général* FERRAND *remettra à son Altesse Royale le duc d'*YORCK, *commandant en chef l'armée combinée employée au siége de Valenciennes, pour Sa Majesté l'empereur et roi, la ville et citadelle de Valenciennes, aux conditions ci-après stipulées.* |
| A FRÉDÉRIC DUC D'YORCK, Commandant l'armée combinée du siége de Valenciennes. | |
| *Le général* FERRAND *remettra au duc* D'YORCK *la ville et citadelle de Valenciennes, aux conditions suivantes :* | |
| ART. I<sup>er</sup>. La garnison sortira avec les honneurs de la guerre, ainsi que tout ce qui tient au militaire. | ART. I<sup>er</sup>. La garnison sortira par la porte de Cambray avec les honneurs de la guerre, et mettra bas les armes à la maison dite la Briquette, où elle déposera ses drapeaux et canons de campagne, sans les avoir endommagés d'une manière quelconque, il en sera de même des chevaux de cavalerie, artillerie, des vivres et autres services militaires, ceux des officiers leur seront laissés avec leurs épées. |
| 2. Toutes les munitions quelconques, pièces d'artillerie et tout ce qui compose et fait | 2. Refusé. |

partie de l'armée lui sera conservé.

3. La garnison sortira de la place le sixième jour après la signature de la capitulation, par la porte de Tournay, pour se rendre dans tel lieu de la République que le général Ferrand jugera convenable, avec armes et bagages, chevaux, tambours battans, mèches allumées par les deux bouts, drapeaux déployés, et tous les canons qu'elle pourra emmener.

3. La garnison sortira le premier d'août ainsi qu'il est dit à l'art. 1$^{er}$., et comme elle sera prisonnière de guerre, il lui sera indiqué, 24 heures avant sa sortie, l'endroit où elle se rendra en France pour y prendre la parole d'honneur et le revers des officiers ainsi que les autres arrangemens relatifs aux soldats, qui s'engageront à ne pouvoir servir pendant toute la durée de la présente guerre contre les armées de S. M. et celles de ses alliés, sans avoir été échangés, conformément aux cartels et sous les peines militaires.

4. Les autres pièces d'artillerie seront évacuées dans la huitaine après le départ de la garnison, ainsi que les munitions et le mobiliaire militaire.

4. Refusé pour ce qui concerne l'artillerie et généralement toutes les munitions de guerre et de bouche, et autres objets militaires, mais accordé pour tout ce qui est du mobile personnel des officiers et soldats de la garnison.

5. Les voitures et chevaux nécessaires pour le transport des bagages et pour monter les officiers, seront payés de gré à gré.

5. Il sera fourni, par mi-payant, à la garnison ce qui lui sera nécessaire en voitures et chevaux pour le transport de ses bagages, et les commissaires de guerre qui res-

6. Il sera fourni le nombre de douze chariots couverts, c'est-à-dire, qui ne seront point visités.

7. Les soldats convalescens en état d'être transportés seront emmenés, et les voitures nécessaires pour ce transport seront fournies également par les assiégeans.

8. Quant aux malades qui ne pourront souffrir le transport, ils resteront dans les hôpitaux qu'ils occupent, soignés aux frais de la République par les officiers de santé qui y sont attachés, sous la surveillance d'un commissaire des guerres, et lorsque ces malades seront en état d'être transportés, il leur sera de même fourni des voitures.

9. Les représentans du peuple et toute per-

teront de sa part dans la place, seront personnellement responsables du retour desdites voitures et chevaux.

6. Refusé.

7. Accordé sous les conditions de l'article 5.

8. Accordé, bien entendu que les commissaires restés pour l'administration économique des hôpitaux seront soumis à la police militaire, ainsi que ceux dont il est question dans l'article 5, et que les soldats convalescens seront prisonniers, comme il est stipulé à l'article 3.

9. Tout ce qui n'est pas militaire étant réputé

5 *

sonne attachée à la République, sous quelque dénomination que ce puisse être, participeront à la capitulation du militaire, et jouiront des mêmes conditions.

10. Les déserteurs resteront réciproquement dans les corps où ils sont, sans être inquiétés ; à l'égard des prisonniers ils pourront être échangés.

11 Il sera nommé de part et d'autre des commissaires pour constater les objets qui seront adjugés à la République, ainsi que tous les papiers concernant l'artillerie, les fortifications et greffe militaire, tant ceux de cette place que de toute autre place appartenante à la République. Il en sera de même pour les papiers de toutes les administrations civiles et militaires.

bourgeois, jouira du traitement accordé à cette classe.

10. Refusé ; les déserteurs seront livrés scrupuleusement avant la sortie de la garnison, et l'on fera les perquisitions nécessaires pour trouver ceux qui pourraient être cachés. Les prisonniers autrichiens et ceux des puissances alliées seront rendus de bonne foi.

11. Il sera nommé des commissaires de tous les départemens militaires et civils pour recevoir les papiers, effets et bâtimens militaires, artillerie, fer coulé, arsenaux, munitions de guerre et de bouche, caisses militaires et civiles, en un mot tous les autres objets appartenans au gouvernement, sous quelle dénomination que ce puisse être ; les commissaires seront introduits dans la Place immédiatement après l'échange des ôtages, les chefs des différens corps seront personnellement

12. Les habitans des deux sexes actuellement en cette ville, ou y réfugiés; les fonctionnaires publics et tous autres agens de la République française, auront leur honneur, leur vie et leurs propriétés sauves, avec la liberté de se retirer où ils voudront.

13. Pour le maintien de l'ordre, de la police, la sûreté des personnes et la conservation des propriétés, les autorités constituées et les tribunaux resteront en fonctions jusqu'à ce qu'il y soit autrement pourvu. Les jugemens des tribunaux seront maintenus, et aucune autorité constituée ne pourra être recherchée pour les faits légaux de son administration ou de sa juridiction.

responsables des infidélités qui se seraient commises dans la remise des papiers, caisses, artillerie et autres objets ci-dessus nommés.

12. L'ordre et la discipline des armées alliées garantissent les bourgeois de toute espèce d'insulte dans leur personne et leurs effets.

13. Refusé; mais les corps administratifs et judiciaires seront maintenus jusqu'à ce qu'il y ait été autrement pourvu par S. M. Impériale.

14. Personne ne pourra être inquiété pour ses opinions telles qu'elles ayent été, ni pour ce qu'il aura dit ou fait légalement avant ou pendant le siége.

14. L'intention de Sa Majesté l'Empereur et Roi est que les habitans ne soient aucunement inquiétés.

15. Les habitans ne seront pas assujettis au logement des gens de guerre.

15. Accordé, autant que l'existence et la capacité des bâtimens militaires le permettront.

16. Les habitans ne pourront être obligés à aucun service militaire, et ceux qui l'ont fait jusqu'à présent ne pourront être considérés comme tels.

16. Les habitans ne seront obligés de faire de service militaire que dans les cas usités dans les provinces de Sa Majesté l'Empereur aux Pays-Bas; quant à ceux qui sont armés ou en uniforme, ils seront traités comme les autres militaires, selon l'article 3.

17. Les habitans ne pourront non plus être tenus aux corvées militaires.

17. Renvoyé à l'article 16.

18. Ceux qui voudront aller habiter ailleurs seront libres de sortir de la ville avec leurs ménages, bagages, meubles et effets, de disposer de leurs immeubles ou réputés tels, au profit de qui bon leur semblera,

18. Il sera permis aux habitans de se retirer avec leurs effets, dans l'espace de six mois, où bon leur semblera, et il leur sera délivré des passeports en conséquence.

dans le terme de six mois.

19. Tous ceux qui voudront rester ou venir habiter en cette ville y seront reçus, et jouiront des mêmes avantages que les autres habitans.

19. Accordé.

20. Les monnaies actuelles, notamment les assignats, continueront d'avoir cours.

20. Refusé de reconnaître les assignats comme monnaie jusqu'à disposition ultérieure.

21. Les domaines nationaux, vendus en conformité aux lois existantes, seront conservés aux acquéreurs.

21 Cet art. n'étant point du rapport militaire, sera réservé, comme le précédent, à des dispositions ultérieures.

22. La commune continuera de jouir des propriétés qu'elle possède actuellement, tant mobiliaires qu'immobiliaires, notamment les blés qu'elle a en magasin pour la subsistance des habitans.

22. Renvoyé à l'article précédent. Quant aux blés, aux magasins, on en disposera au profit de celui à qui il appartient de droit.

23. Les colléges, hôpitaux et autres établissemens de charité demeureront en la libre et paisible possession et jouissance de tous leurs biens, tant meu-

23. Accordé pour toutes les propriétés légitimes.

bles qu'immeubles.

24. Toutes dettes contractées avant et durant le siége par la municipalité et le conseil général de la commune et autres autorités constituées, tant liquidées qu'à liquider, seront tenues pour légales et bien contractées.

24. Les dettes contractées par la garnison, les militaires, bourgeois et habitans quelconques seront liquidées à la satisfaction des parties.

25. S'il survient quelques difficultés dans les termes et conditions de la capitulation, on les entendra toujours dans le sens le plus favorable à la garnison de la place et aux habitans.

25. Toutes les réponses ci-dessus étant clairement énoncées, cet article est sans objet.

*A Valenciennes, le 27 Juillet 1793, 2ᵉ. de la République française.*

*Signé* Le général de division FERRAND.

## ARTICLES ADDITIONNELS.

### Article premier.

Aujourd'hui 28 juillet à 7 heures du soir, la garnison livrera aux troupes de l'armée du siége, les dehors, la demi-lune, la couronne, la contre-garde et le pâté de la porte de secours de la Citadelle, ainsi que la demi-lune et l'ouvrage à corne de la porte de Cambray, et afin que l'ordre soit observé jusqu'à la sortie de la garnison, elle gardera l'intérieur des portes du corps de la place, de la citadelle et de la Ville jusqu'à la sortie.

### Art. II.

Si la réponse n'est pas rendue par le général Ferrand avant 7 heures du matin, on lui déclare que le feu de la tranchée recommencera à 9, où la trève sera rompue par son silence.

### Art. III.

Les Chefs des différens corps qui ont des papiers ou effets à remettre resteront dans la place, jusqu'à ce que les remises et inventaires ayent été clos par les commissaires Impériaux.

### Art. IV.

Aussitôt que la capitulation sera signée, on enverra dans la place des ôtages, savoir un colonel, un major et un capitaine, qui seront échangés contre des officiers de grade pareil de la garnison, lesquels ôtages seront rendus aussitôt après l'exécution des articles de la capitulation.

Donné à mon quartier-général devant Valenciennes, le 28 juillet 1793.

*Signé* FRÉDÉRIC, *duc d'Yorck, commandant l'armée combinée au siège de Valenciennes.*

Nous, commissaires soussignés nommés et envoyés vers S. A. R. le duc d'Yorck, en vertu des pouvoirs à nous délégués par le général Ferrand, commandant de la ville et citadelle de Valenciennes, et contenus en sa lettre du 28 juillet 1793 adressée au duc d'Yorck, laquelle demeurera annexée en l'original à la présente capitulation ; avons signé et consenti les articles ci-dessus.

Fait au quartier-général de S. A. R. le duc d'Yorck, le 28 juillet 1793.

Sont signés : *Tholozé*, directeur des fortifications, faisant les fonctions de général de brigade ; le général de brigade *Boillaud* ; *Brunière*, capitaine au 1$^{er}$. bataillon de la Nievre ; *Hamoir* ; *Lanen-Plichon* ; *J. C. Perdry*, le cadet.

*Collationé conforme à l'original.*
MORTIER, Secrétaire-greffier.

*Nota.* J'envoyai la capitulation, contenant 25 articles, au duc d'Yorck, dans la matinée du 27 juillet ; ce prince me fit dire par mon aide-de-camp Lavignette, qui lui porta mon message, qu'il m'enverrait sa réponse à six heures du soir. Elle ne me parvint que le 28 à 2 heures du matin; n'ayant pas été satisfait du contenu, j'assemblai de nouveau le conseil de guerre général, pour lui faire part d'une seconde lettre (n°. 9.) que je me proposais d'écrire à son Altesse Royale.

## N°. IX.

*Copie de la Lettre du général Ferrand, commandant de la place de Valenciennes, à Frédéric duc d'Yorck, commandant de l'armée combinée du Siége devant Valenciennes.*

Du 28 juillet 1793, l'an 2°. de la République française.

A la réception de votre Lettre, j'ai assemblé le conseil de guerre; d'après que nous avons pris connaissance des articles qu'elle contient. Il nous a paru très-évident que la promesse que vous nous avez faite hier n'avait pas lieu, en ce qu'il n'est pas mention de capitulation honorable dans les articles que vous nous proposez.

En conséquence, je persiste, ainsi que les membres du conseil de guerre, dans l'article premier en son entier; nous demandons en outre que les citoyens Cochon et Briez, représentans du peuple, et leurs deux secrétaires accompagneront la garnison. Nous persistons sur l'article 2, par la demande d'une pièce de campagne de 4 ou de 8, et leur caisson par bataillon; nous persistons également dans l'article 3, en restreignant la sortie de la garnison à trois jours, et enfin dans l'article 6, réduisant notre demande à six chariots au lieu de douze, à l'égard des articles 8, 10 et 11 dans tout leur contenu.

J'ai l'honneur de vous envoyer six commissaires, tant civils que militaires, qui vous remettront cette lettre, ils sont chargés d'entrer en arrangement, et ont tout pouvoir à cet effet.

La garnison que j'ai l'honneur de commander a combattu si glorieusement pendant le siége, qu'elle s'immortalisera en défendant la place et terminant sa carrière militaire sur la brèche, lorsqu'elle existera.

*Signé* le général de division FERRAND.

*Collationné conforme à l'original.*
Mortier, Secrétaire-greffier.

( 77 )

# PIÈCES

*Indiquées dans la note de la page 50.*

N°. IV *bis.*

*Lettre du duc d'Yorck à la municipalité de Valenciennes, du 14 juin 1793.*

MESSIEURS,

Le siége que je dois faire nécessairement de la ville que vous habitez, entraînera inévitablement la ruine de vos maisons et de vos fortunes; la perte de vos propriétés et plus ou moins celle de votre existence. Je sens vivement combien ce devoir est terrible; c'est pourquoi, persuadé que l'honneur des armes s'accorde très-bien avec les sentimens de l'humanité, j'ai envoyé au commandant de la place la sommation ci-jointe; j'y ai plaidé votre cause avec franchise et loyauté. Si vous êtes attachés à vos propriétés, à votre existence, écartez, prevenez, par vos conseils et par votre influence, la ruine d'une ville aussi florissante que la vôtre. Après ce que vous venez de lire, vous ne pourrez plus m'accuser de cruauté; mais je vous réitère que la résolution que vous prendrez va décider de votre sort ; il sera heureux ou terrible.

De la tranchée devant Valenciennes, le 14 juin 1793.

*Signé* FRÉDÉRIC, *duc* d'Yorck.

N°. IV *ter.*

*Réponse de la Municipalité de Valenciennes à Frédéric, duc d'Yorck.*

Nos propriétés et notre existence ne sont rien auprès de notre devoir. Nous serons fidèles au serment que nous avons fait conjointement avec notre brave général, et nous ne pouvons qu'adhérer à la réponse qu'il vous a faite.

Fait à la maison Commune, le conseil du district réuni à celui de la Commune, le 14 juin 1793.

*Signé* A. P. POURTALÈS, maire; MORTIER, secrétaire.

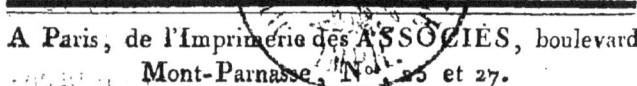

A Paris, de l'Imprimerie des ASSOCIÉS, boulevard Mont-Parnasse, N°. 25 et 27.

www.ingramcontent.com/pod-product-compliance
Lightning Source LLC
LaVergne TN
LVHW020945090426
835512LV00009B/1708